Impressum
Verlag: BABADADA GmbH, Nedderfeld 112 , 22529 Hamburg
Geschäftsführer / Verlagsleitung: Harald Hof
Druck: Books on Demand GmbH, In de Tarpen 42, 22848 Norderstedt

Imprint
Publisher: BABADADA GmbH, Nedderfeld 112 , 22529 Hamburg, Germany
Managing Director / Publishing direction: Harald Hof
Print: Books on Demand GmbH, In de Tarpen 42, 22848 Norderstedt, Germany

school

skola

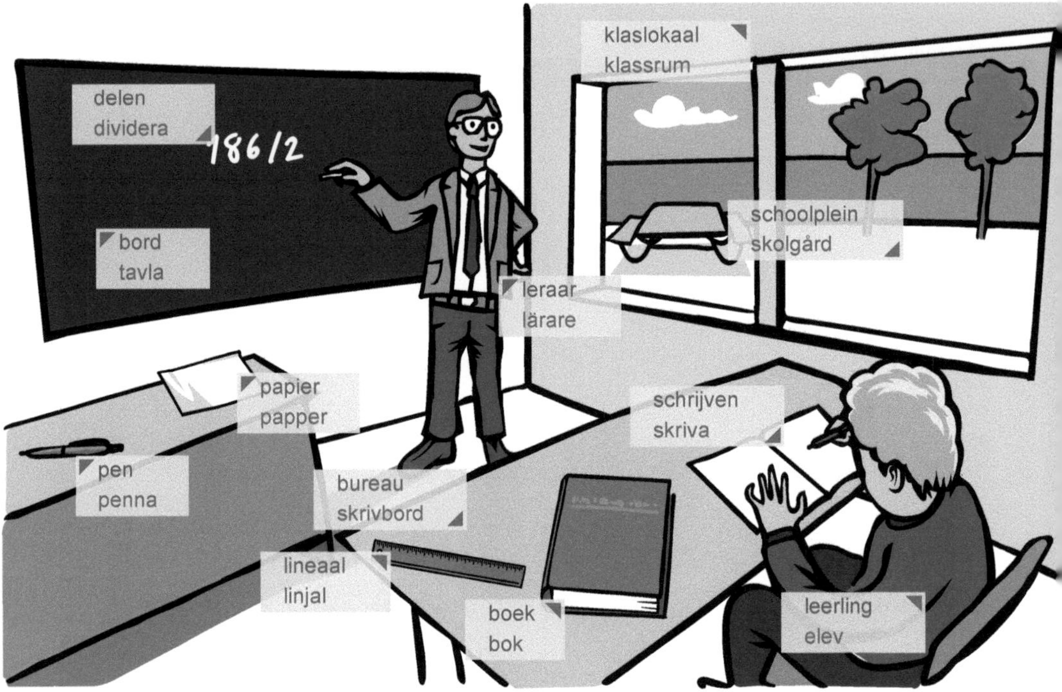

klaslokaal
klassrum
delen
dividera
186/2
bord
tavla
schoolplein
skolgård
leraar
lärare
papier
papper
schrijven
skriva
pen
penna
bureau
skrivbord
lineaal
linjal
boek
bok
leerling
elev

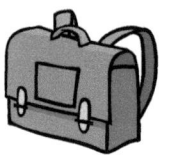

schooltas

skolväska

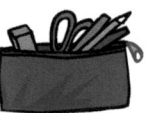

etui

pennfodral

potlood

blyertspenna

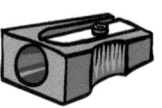

puntenslijper

pennvässare

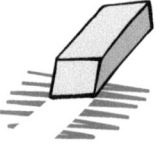

gum

suddgummi

schetsblok

ritblock

tekening
teckning

penseel
pensel

verfdoos
målarlåda

schaar
sax

lijm
lim

schrift
övningsbok

huiswerk
hemläxa

getal
tal

optellen
addera

aftrekken
subtrahera

vermenigvuldigen
multiplicera

rekenen
räkna

letter
bokstav

alfabet
alfabet

woord
ord

tekst

text

lezen

läsa

krijt

krita

les

lektion

klassenboek

register

examen

prov

diploma

intyg

schooluniform

skoluniform

opleiding

utbildning

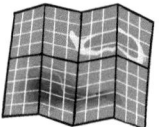

encyclopedie

uppslagsverk

universiteit

universitet

microscoop

mikroskop

kaart

karta

prullenmand

papperskorg

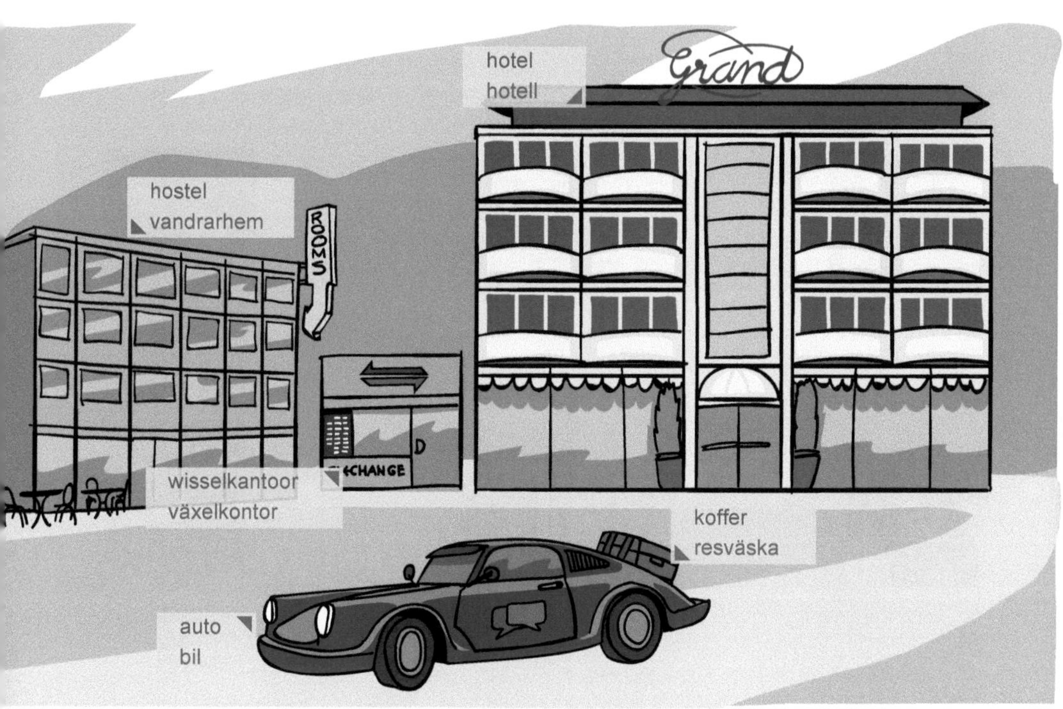

hotel
hotell
Grand
hostel
vandrarhem
ROOMS
wisselkantoor
växelkontor
EXCHANGE
koffer
resväska
auto
bil

taal

språk

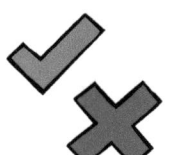

ja / nee

ja / nej

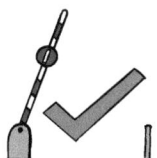

oké

Okay

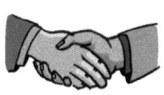

Hallo!

hej

tolk

översättare

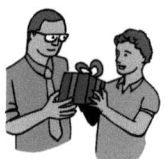

Bedankt.

Tack

Wat kost ...?

hur mycket kostar...?

Ik begrijp het niet.

jag förstår inte

probleem

problem

Goedenavond!

God kväll!

Goedemorgen!

God morgon!

Goedenacht!

God natt!

Tot ziens!

hejdå

richting

riktning

bagage

bagage

tas

väska

rugzak

ryggsäck

gast

gäst

kamer

rum

slaapzak

sovsäck

tent

tält

VVV-kantoor

turistinformation

strand

strand

creditkaart

kreditkort

ontbijt

frukost

lunch

lunch

diner

middag

kaartje

biljett

lift

hiss

postzegel

frimärke

grens

gräns

douane

tull

ambassade

ambassad

visum

visum

paspoort

pass

transcript

transport

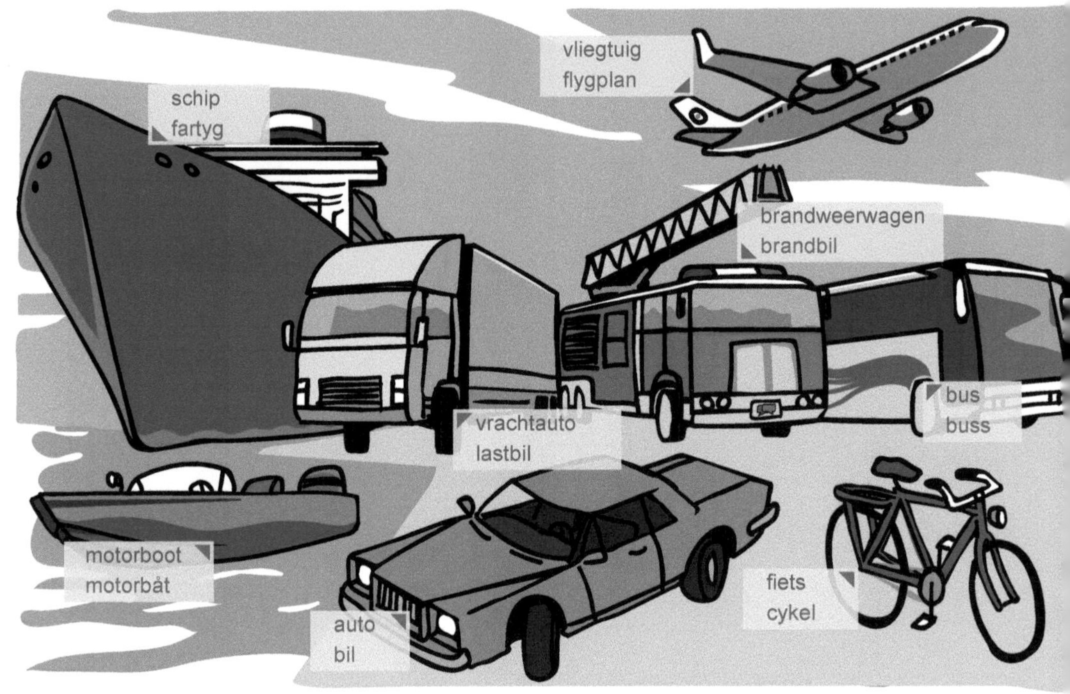
vliegtuig
flygplan
schip
fartyg
brandweerwagen
brandbil
bus
buss
vrachtauto
lastbil
motorboot
motorbåt
fiets
cykel
auto
bil

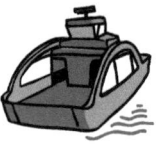

veerboot

färja

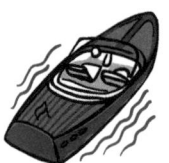

boot

båt

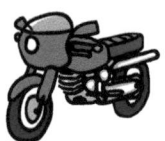

motorfiets

motorcykel

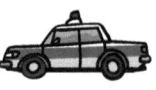

politiewagen

polisbil

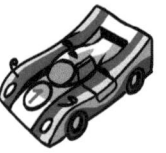

raceauto

racerbil

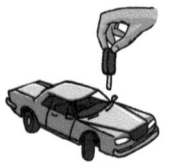

huurauto

hyrbil

carsharing

bilpool

takelwagen

bärgningsbil

vuilniswagen

sopbil

motor

motor

benzine

bränsle

benzinepomp

bensinstation

verkeersbord

vägmärke

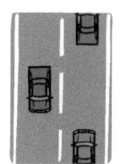

verkeer

trafik

file

bilkö

parkeerplaats

parkeringsplats

station

tågstation

rails

räls

trein

tåg

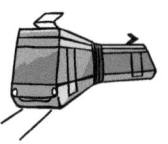

tram

spårvagn

wagon

vagn

helikopter

helikopter

luchthaven

flygplats

toren

torn

passagier

passagerare

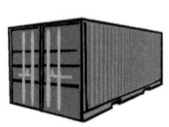

container

container

verhuisdoos

kartong

kar

vagn

mand

korg

opstijgen / landen

starta / landa

stad

stad

dorp

by

stadscentrum

centrum

huis

hus

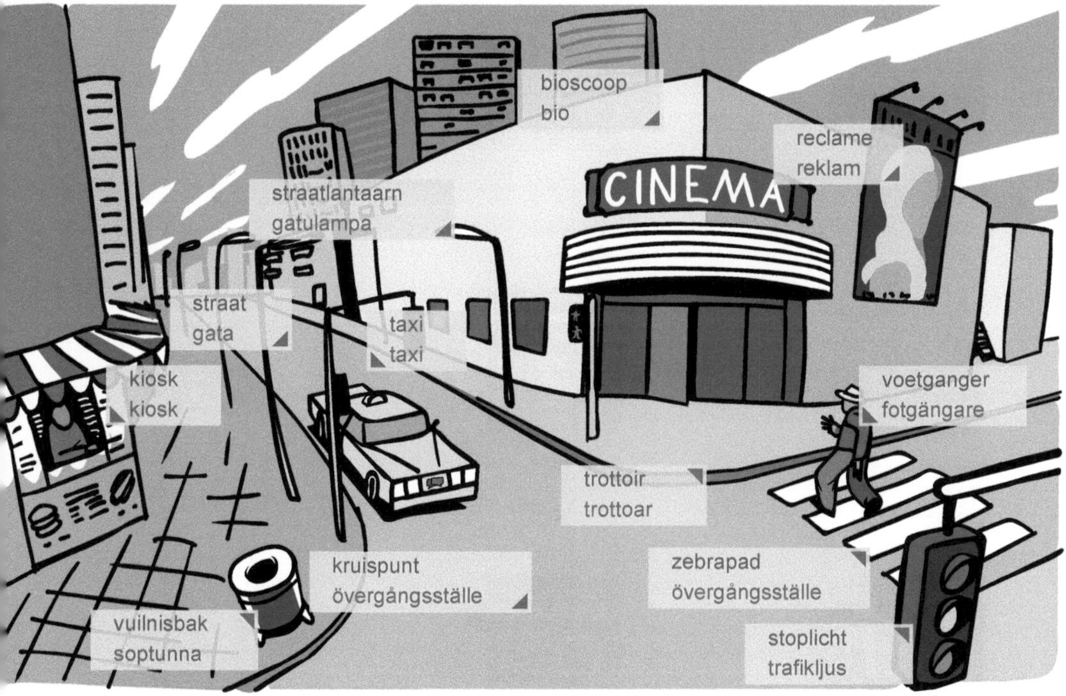

bioscoop / bio

reclame / reklam

straatlantaarn / gatulampa

CINEMA

straat / gata

taxi / taxi

kiosk / kiosk

voetganger / fotgängare

trottoir / trottoar

kruispunt / övergångsställe

zebrapad / övergångsställe

vuilnisbak / soptunna

stoplicht / trafikljus

hut
....
stuga

appartement
....
lägenhet

station
....
tågstation

stadhuis
....
stadshus

museum
....
museum

school
....
skola

universiteit
universitet

bank
bank

ziekenhuis
sjukhus

hotel
hotell

apotheek
apotek

kantoor
kontor

boekenwinkel
bokhandel

winkel
affär

bloemenwinkel
blomsterbutik

supermarkt
stormarknad

markt
marknad

warenhuis
varuhus

visboer
fiskhandlare

winkelcentrum
köpcentrum

haven
hamn

park
park

bank
bänk

brug
brygga

trap
trappa

metro
tunnelbana

tunnel
tunnel

bushalte
busshållplats

bar
bar

restaurant
restaurang

brievenbus
brevlåda

straatnaambord
gatuskylt

parkeermeter
parkeringsautomat

dierentuin
zoo

zwembad
simbassäng

moskee
moské

boerderij
bondgård

vervuiling
förorening

begraafplaats
kyrkogård

kerk
kyrka

speelplaats
lekplats

tempel
tempel

landschap
landskap

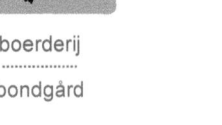

blad
löv

wegwijzer
vägskylt

weg
väg

weide
äng

steen
sten

boom
träd

wandelaar
liftare

rivier
flod

gras
gräs

bloem
blomma

vallei

dal

berg

kulle

meer

sjö

bos

skog

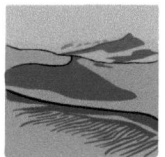

woestijn

öken

vulkaan

vulkan

kasteel

slott

regenboog

regnbåge

paddenstoel

svamp

palmboom

palm

mug

mygga

vlieg

fluga

mier

myra

bij

bi

spin

spindel

kever

skalbagge

kikker

groda

eekhoorn

ekorre

egel

igelkott

haas

hare

uil

uggla

vogel

fågel

zwaan

svan

wild zwijn

vildsvin

hert

rådjur

eland

älg

stuwdam

damm

windmolen

vindkraftverk

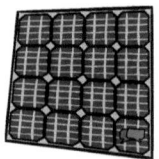

zonnepaneel

solcellspanel

klimaat

klimat

restaurant
restaurang

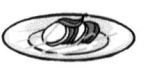

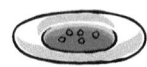

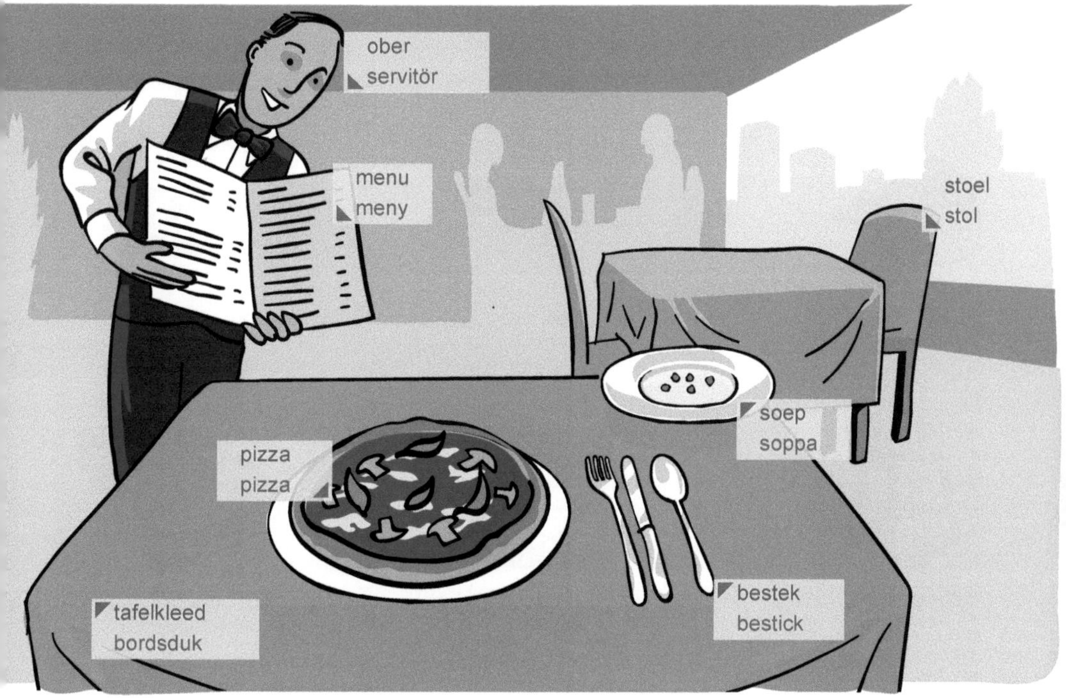
ober
servitör
menu
meny
stoel
stol
soep
soppa
pizza
pizza
bestek
bestick
tafelkleed
bordsduk

voorgerecht

förrätt

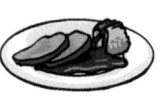

hoofdgerecht

huvudrätt

toetje

dessert

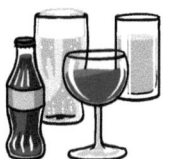

dranken

drycker

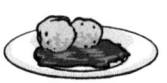

eten

mat

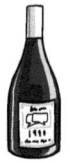

fles

flaska

fastfood

snabbmat

eetkraampje

street food

theepot

tekanna

suikerpot

sockerskål

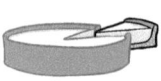

portie

portion

espressomachine

espressomaskin

kinderstoel

barnstol

rekening

räkning

dienblad

bricka

mes

kniv

vork

gaffel

lepel

sked

theelepel

tesked

servet

servett

glas

glas

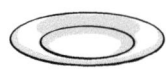

bord
tallrik

soepbord
sopptallrik

schotel
tefat

saus
sås

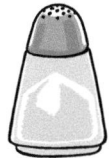

zoutvaatje
saltkar

pepermolen
pepparkvarn

azijn
vinäger

olie
olja

kruiden
kryddor

ketchup
ketchup

mosterd
senap

mayonaise
majonnäs

supermarkt
stormarknad

aanbieding
specialerbjudande
FOR
klant
kund
zuivelproducten
mejeriprodukter
fruit
frukt
winkelwagen
varukorg

BUTCHERS

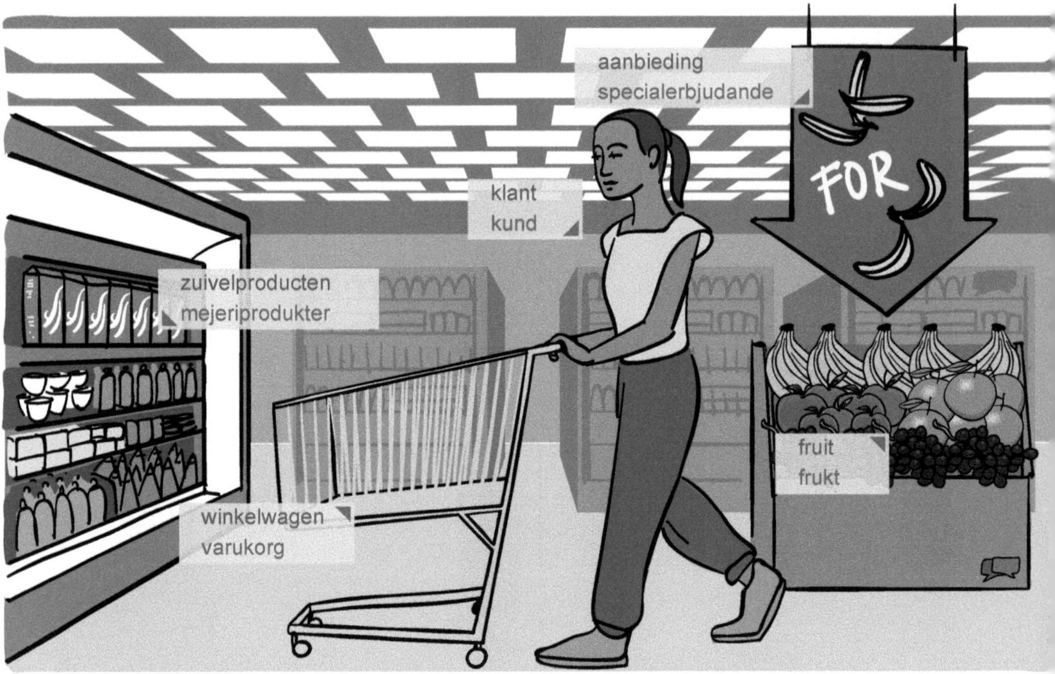

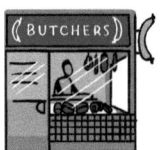

slager

charkuteri

BAKERY

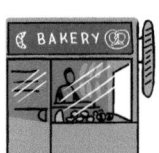

bakkerij

bageri

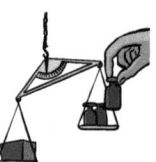

wegen

väga

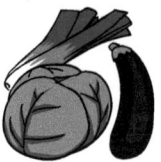

groente

grönsaker

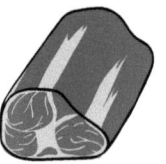

vlees

kött

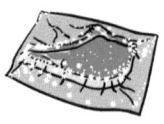

diepvriesproducten

frysta livsmedel

vleeswaren

pålägg

conserven

konserver

wasmiddel

tvättmedel

snoepgoed

godis

huishoudelijke artikelen

hushållsprodukter

schoonmaakmiddel

rengöringsmedel

verkoopster

försäljare

kassa

kassa

kassier

kassör

boodschappenlijstje

inköpslista

openingstijden

öppettider

portefeuille

plånbok

creditkaart

kreditkort

tas

väska

plastic zak

plastpåse

water
vatten

sap
juice

melk
mjölk

cola
cola

wijn
vin

bier
öl

alcohol
alkohol

chocolademelk
kakao

thee
te

koffie
kaffe

espresso
espresso

cappuccino
cappuccino

banaan

banan

appel

äpple

sinaasappel

apelsin

watermeloen

melon

citroen

citron

wortel

morot

knoflook

vitlök

bamboe

bambu

ui

lök

paddenstoel

svamp

noten

nötter

pasta

nudlar

spaghetti

spaghetti

rijst

ris

salade

sallad

friet

pommes frites

gebakken aardappelen

stekt potatis

pizza

pizza

hamburger

hamburgare

sandwich

smörgås

schnitzel

schnitzel

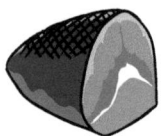

ham

skinka

salami

salami

worst

korv

kip

kyckling

gebraad

stek

vis

fisk

havermout
havregryn

muesli
müsli

cornflakes
cornflakes

meel
mjöl

croissant
croissant

broodjes
fralla

brood
bröd

toast
rostat bröd

koekjes
kex

boter
smör

kwark
kvarg

taart
kaka

ei
ägg

gebakken ei
stekt ägg

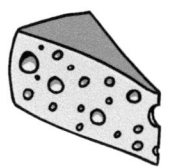

kaas
ost

ijs

glass

suiker

socker

honing

honung

jam

sylt

chocoladepasta

nougatkräm

kerrie

curry

boerderij
bondgård

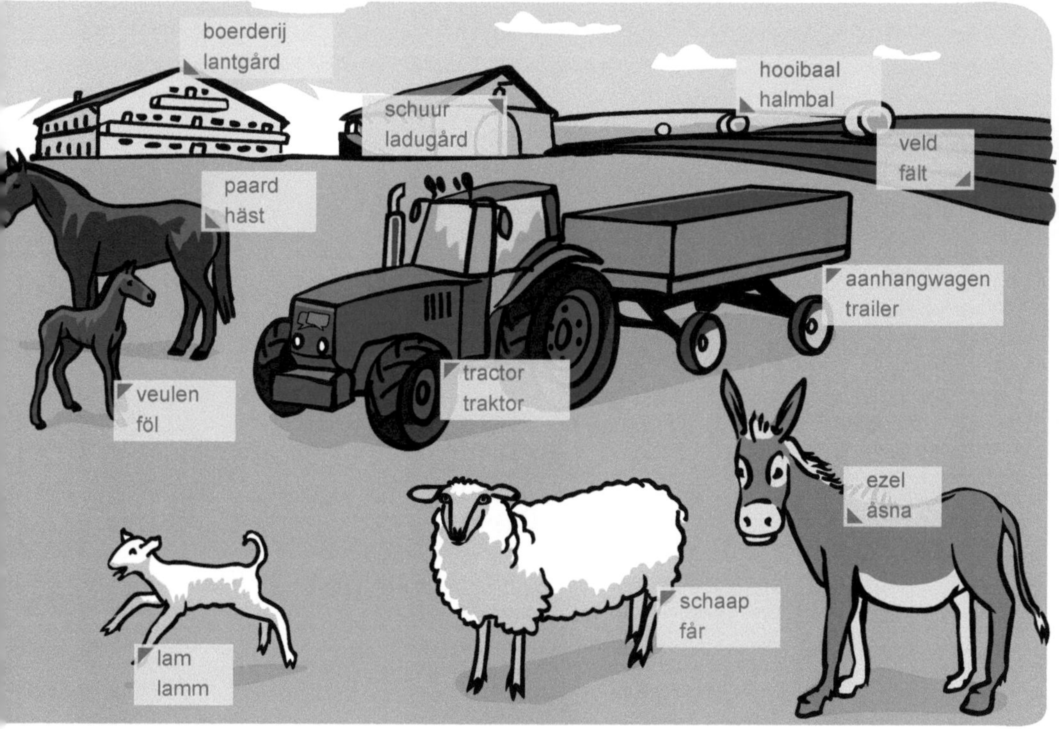
boerderij
lantgård
schuur
ladugård
hooibaal
halmbal
veld
fält
paard
häst
aanhangwagen
trailer
veulen
föl
tractor
traktor
ezel
åsna
schaap
får
lam
lamm

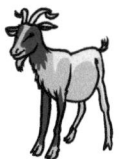

geit
get

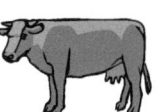

koe
ko

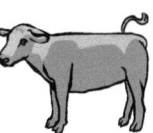

kalf
kalv

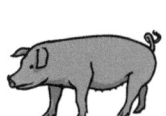

varken
gris

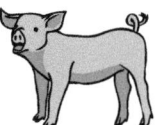

big
griskulting

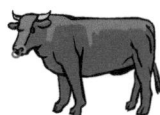

stier
tjur

gans

gås

eend

anka

kuiken

kyckling

kip

höna

haan

tupp

rat

råtta

kat

katt

muis

mus

os

oxe

hond

hund

hondenhok

hundkoja

tuinslang

trädgårdsslang

gieter

vattenkanna

zeis

lie

ploeg

plog

sikkel

skära

schoffel

hacka

hooivork

högaffel

bijl

yxa

kruiwagen

skottkärra

trog

tråg

melkbus

mjölkflaska

zak

säck

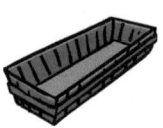

hek

staket

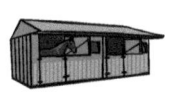

stal

stall

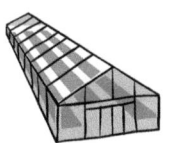

broeikas

växthus

grond

jord

zaad

säd

mest

gödsel

maaidorser

skördetröska

oogsten

skörda

oogst

skörd

yam

jams

tarwe

vete

soja

soja

aardappel

potatis

maïs

majs

koolzaad

raps

fruitboom

fruktträd

maniok

maniok

granen

spannmål

huis
hus

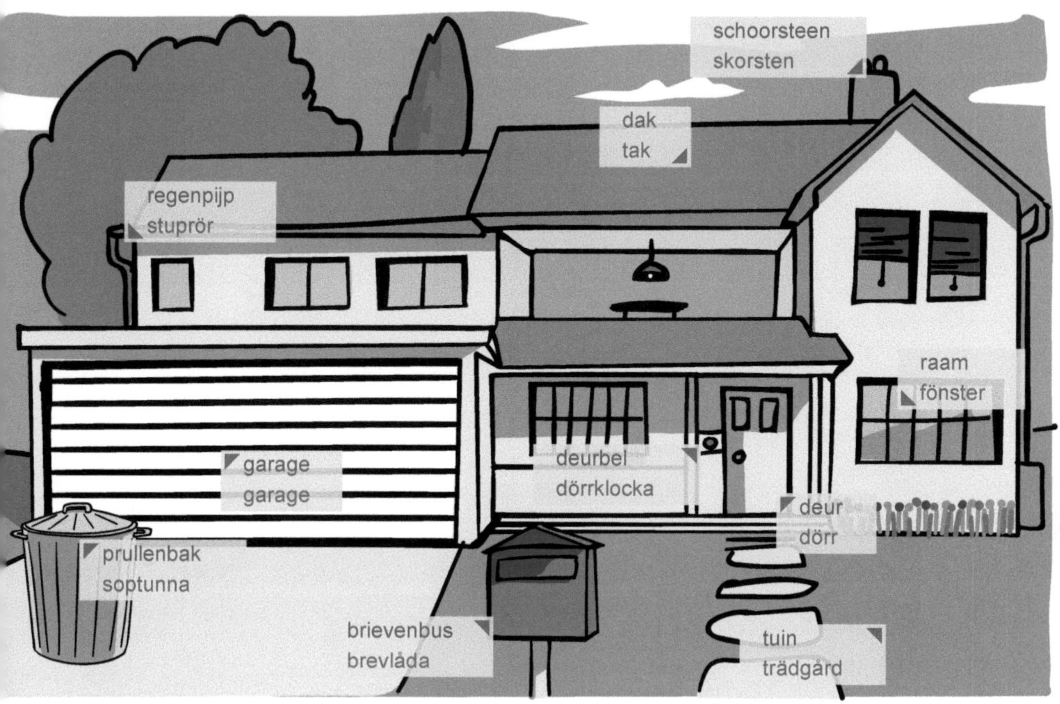
schoorsteen
skorsten
dak
tak
regenpijp
stuprör
raam
fönster
garage
garage
deurbel
dörrklocka
deur
dörr
prullenbak
soptunna
brievenbus
brevlåda
tuin
trädgård

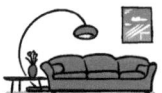

woonkamer

vardagsrum

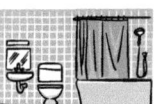

badkamer

badrum

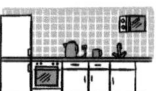

keuken

kök

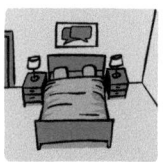

slaapkamer

sovrum

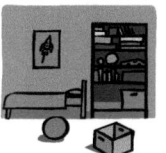

kinderkamer

barnrum

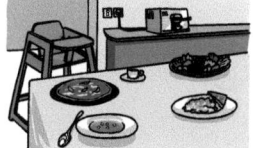

eetkamer

matsal

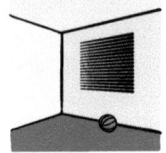

vloer

golv

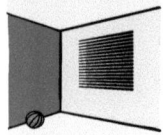

muur

vägg

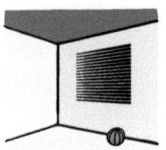

plafond

tak

kelder

källare

sauna

bastu

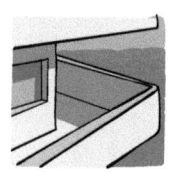

balkon

balkong

terras

terrass

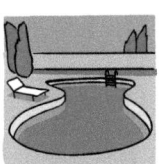

zwembad

bassäng

grasmaaier

gräsklippare

laken

lakan

bedsprei

överkast

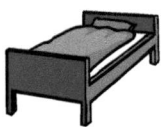

bed

säng

bezem

kvast

emmer

hink

schakelaar

strömbrytare

woonkamer
vardagsrum

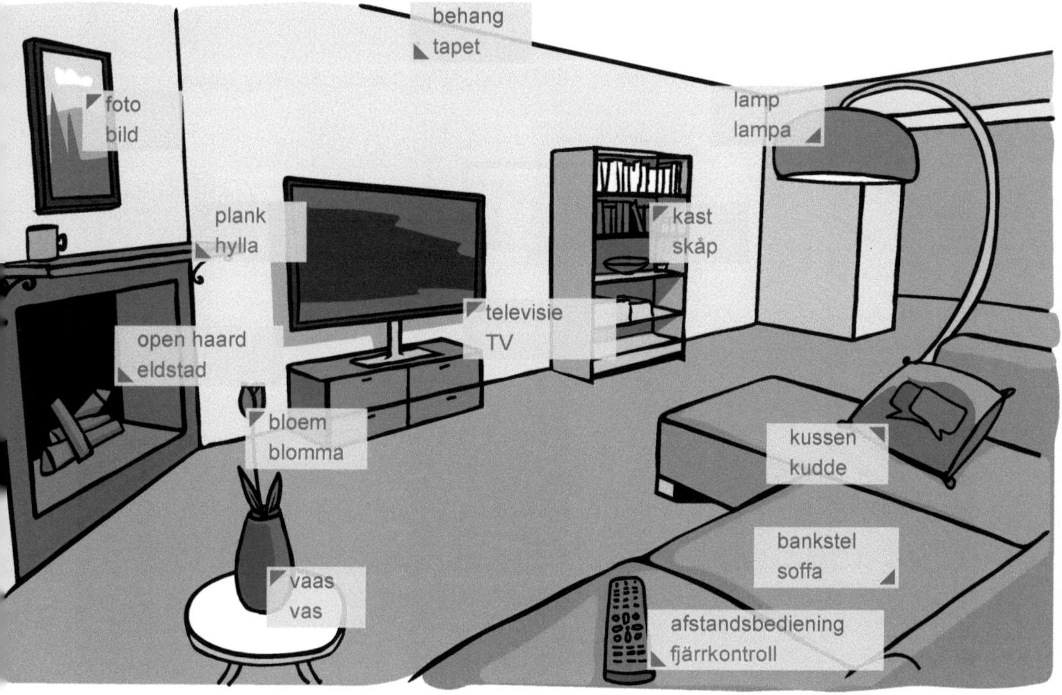
behang
tapet
foto
bild
lamp
lampa
plank
hylla
kast
skåp
televisie
TV
open haard
eldstad
bloem
blomma
kussen
kudde
bankstel
soffa
vaas
vas
afstandsbediening
fjärrkontroll

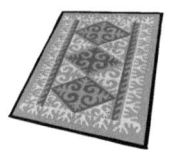

tapijt

matta

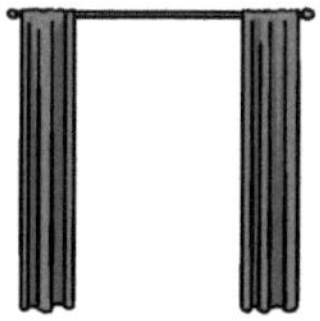

gordijn

gardin

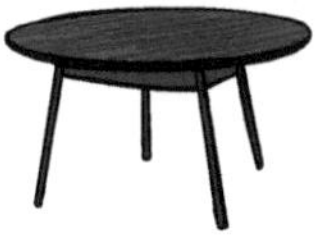

tafel

bord

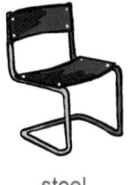

stoel

stol

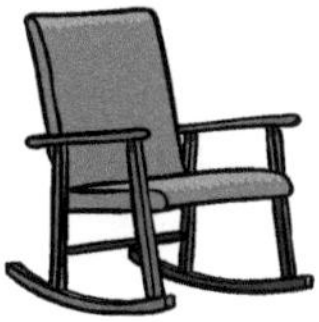

schommelstoel

gungstol

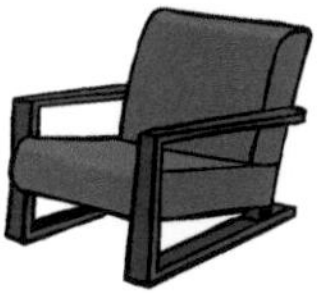

stoel

fåtölj

boek

bok

deken

filt

decoratie

dekoration

brandhout

vedträ

film

film

stereo-installatie

stereoanläggning

sleutel

nyckel

krant

dagstidning

schilderij

målning

poster

poster

radio

radio

kladblok

anteckningsbok

stofzuiger

dammsugare

cactus

kaktus

kaars

stearinljus

keuken
kök

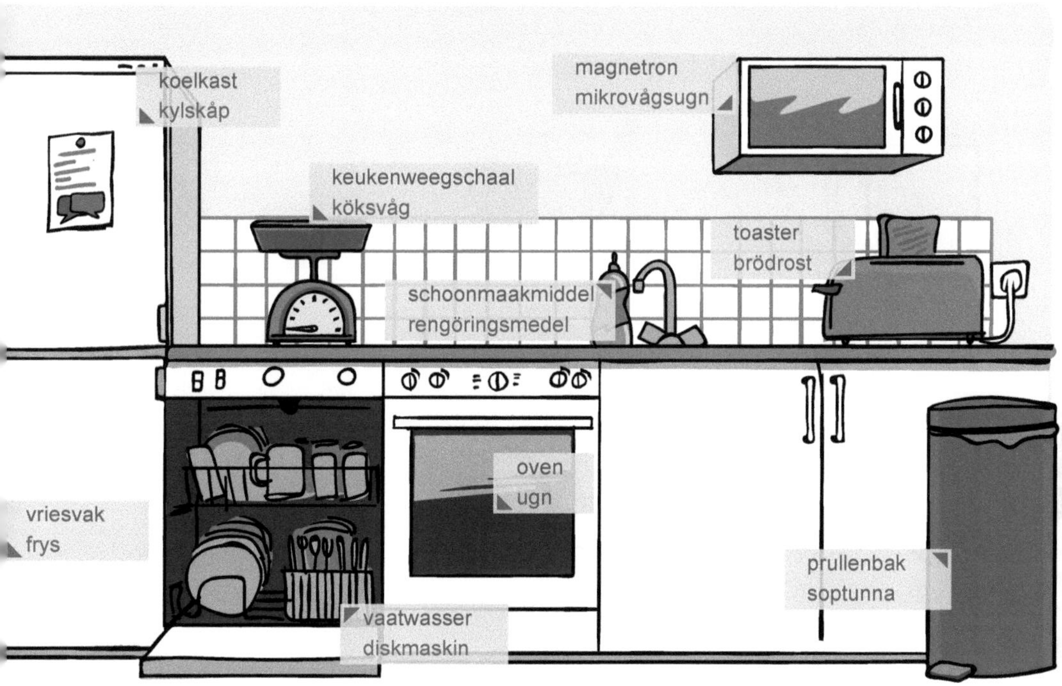

koelkast
kylskåp
magnetron
mikrovågsugn
keukenweegschaal
köksvåg
toaster
brödrost
schoonmaakmiddel
rengöringsmedel
oven
ugn
vriesvak
frys
prullenbak
soptunna
vaatwasser
diskmaskin

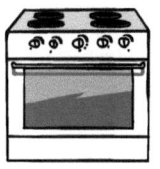

fornuis

spis

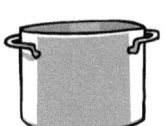

pan

kastrull

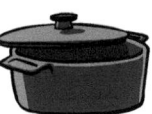

gietijzeren pan

järngryta

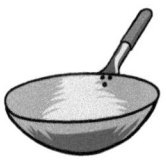

wok / kadai

wok / kadai

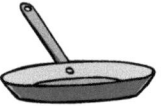

koekenpan

stekpanna

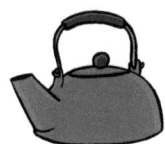

ketel

vattenkokare

stoomkoker

ångkokare

bakplaat

bakplåt

servies

porslin

beker

mugg

kom

skål

eetstokjes

ätpinnar

soeplepel

soppslev

spatel

stekspade

garde

visp

vergiet

durkslag

zeef

sil

rasp

rivjärn

vijzel

mortel

barbecue

grill

vuurhaard

brasa

snijplank

skärbräda

deegroller

kavel

kurkentrekker

korkskruv

blik

burk

blikopener

burköppnare

pannenlap

grytlapp

wasbak

vask

borstel

borste

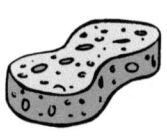

spons

svamp

blender

mixer

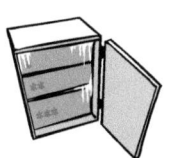

vriezer

frys

babyflesje

nappflaska

kraan

kran

keuken - kök

badkamer

badrum

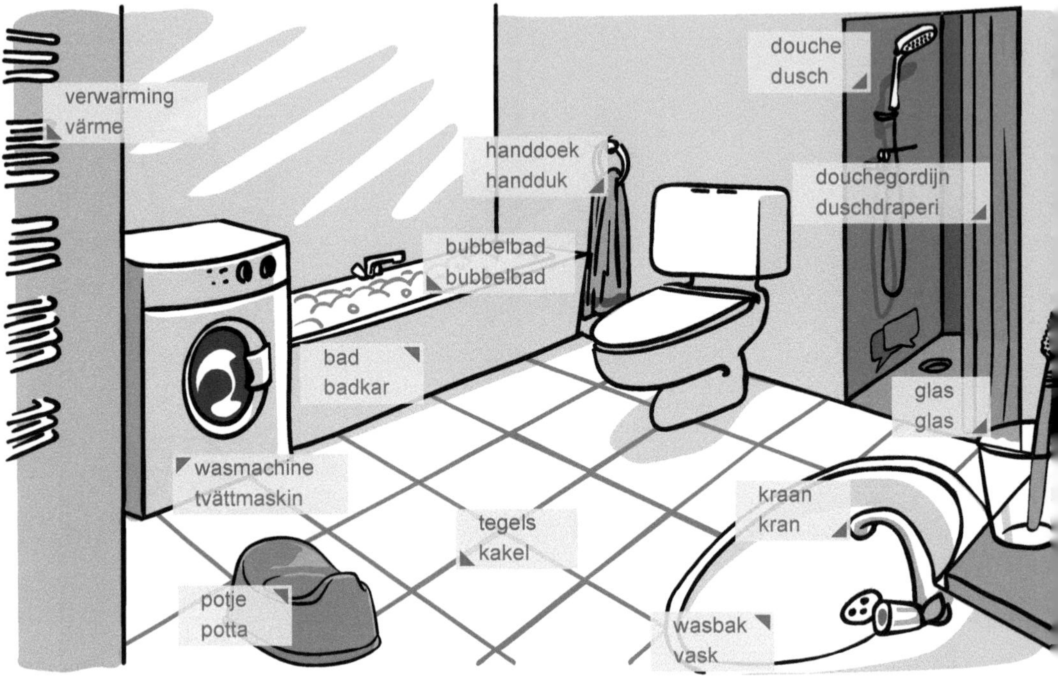

verwarming
värme
douche
dusch
handdoek
handduk
douchegordijn
duschdraperi
bubbelbad
bubbelbad
bad
badkar
glas
glas
wasmachine
tvättmaskin
kraan
kran
tegels
kakel
potje
potta
wasbak
vask

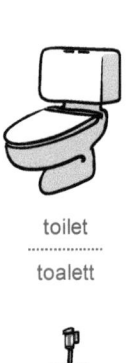

toilet

toalett

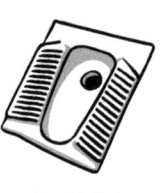

hurktoilet

låg toalett

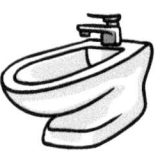

bidet

bidet

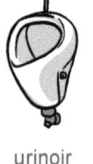

urinoir

pissoar

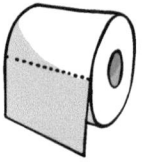

toiletpapier

toalettpapper

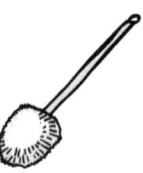

toiletborstel

toalettborste

tandenborstel

tandborste

tandpasta

tandkräm

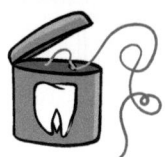

flosdraad

tandtråd

wassen

tvätta

handdouche

handdusch

toiletdouche

intimdusch

waskom

handfat

rugborstel

ryggborste

zeep

tvål

douchegel

duschgel

shampoo

schampo

washanje

trasa

afvoer

avlopp

creme

crème

deodorant

deodorant

spiegel

spegel

make-upspiegel

handspegel

scheermes

rakhyvel

scheerschuim

raklödder

aftershave

rakvatten

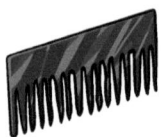

kam

kam

borstel

borste

haardroger

hårtork

haarspray

hårspray

make-up

smink

lippenstift

läppstift

nagellak

nagellack

watten

bomullsvadd

nagelschaartje

nagelsax

parfum

parfym

toilettas

necessär

kruk

pall

weegschaal

våg

badjas

badrock

rubber handschoenen

gummihandskar

tampon

tampong

maandverband

binda

chemisch toilet

kemisk toalett

kinderkamer
barnrum

wekker
väckarklocka
knuffeldier
gosedjur
speelgoedauto
leksaksbil
rammelaar
skallra
poppenhuis
dockhus
cadeau
present

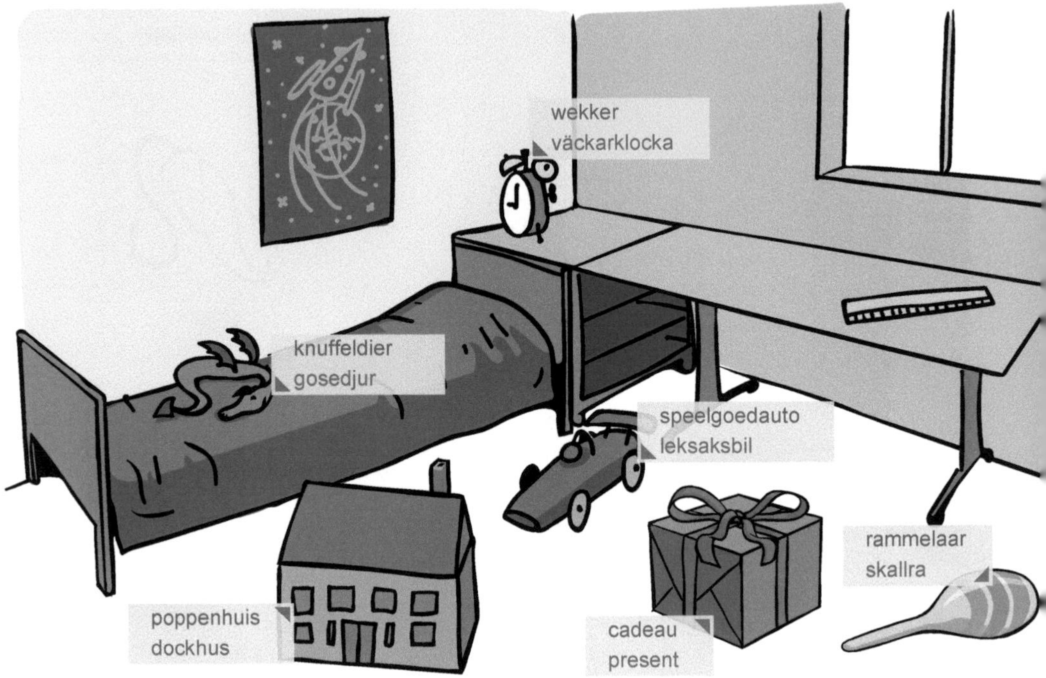

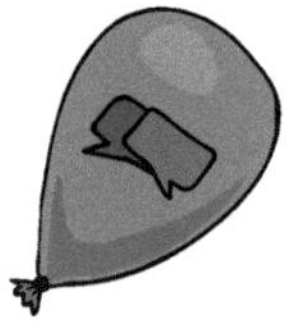

ballon

ballong

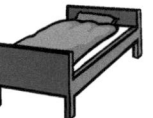

bed

säng

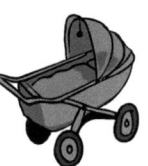

kinderwagen

barnvagn

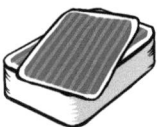

kaartspel

kortlek

puzzel

pussel

SUPER
MEGA

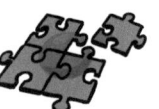

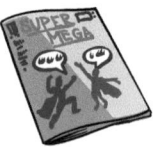

stripverhaal

serietidning

legostenen

legobitar

speelgoedblokken

klossar

actiefiguurtje

actionfigur

romper

sparkdräkt

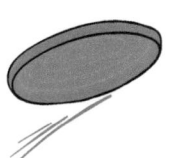

frisbee

frisbee

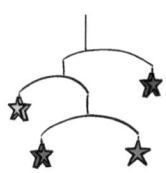

mobile

mobil

bordspel

brädspel

dobbelsteen

tärning

modeltrein

modelljärnväg

speen

napp

feestje

party

prentenboek

bilderbok

bal

boll

pop

docka

spelen

spela

zandbak
sandlåda

schommel
gunga

speelgoed
leksaker

spelcomputer
spelkonsol

driewieler
trehjuling

teddybeer
nalle

kleerkast
garderob

kleding
kläder

sokken
sockar

kousen
strumpor

panty
tights

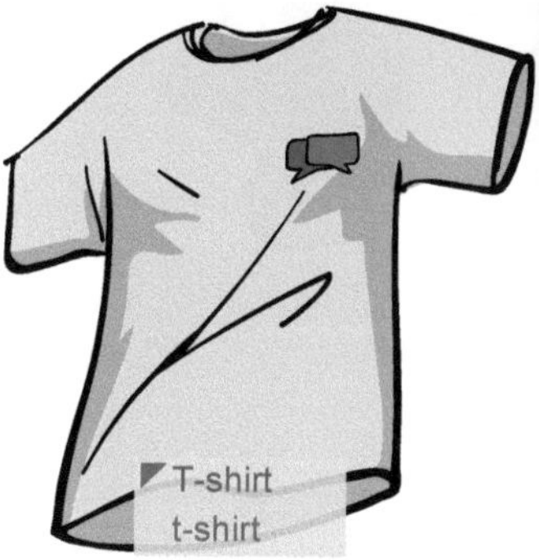

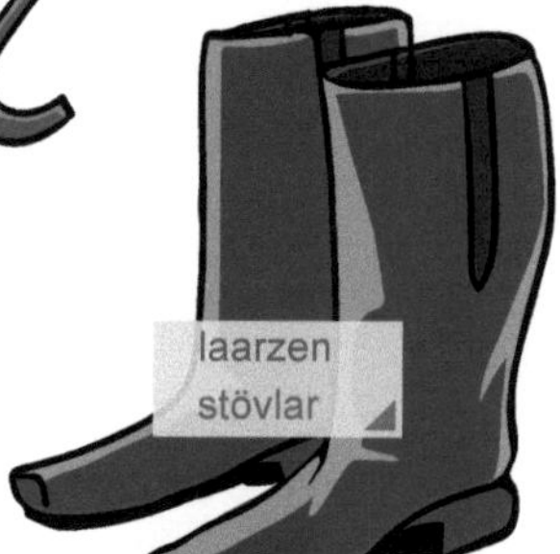

sjaal
halsduk

riem
bälte

paraplu
paraply

T-shirt
t-shirt

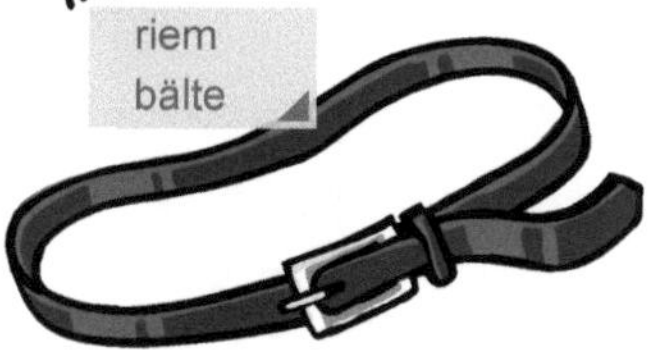

sportschoenen
sneakers

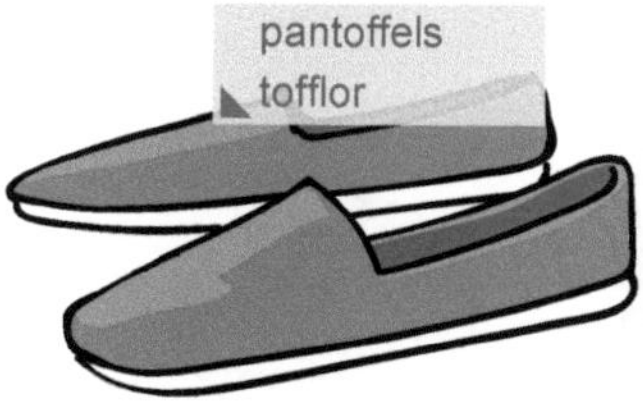

laarzen
stövlar

pantoffels
tofflor

sandalen
sandaler

schoenen
skor

rubberlaarzen
gummistövlar

onderbroek
underbyxor

beha
BH

onderhemd
linne

body
body

broek
byxor

spijkerbroek
jeans

rok
kjol

blouse
blus

overhemd
skjorta

trui
pullover

hoody
sweater

blazer
blazer

jas
jacka

mantel
kappa

regenjas
regnjacka

kostuum
dräkt

jurk
klänning

trouwjurk
bröllopsklänning

pak

kostym

nachthemd

nattlinne

pyjama

pyjamas

sari

sari

hoofddoek

slöja

tulband

turban

boerka

burka

kaftan

kaftan

abaja

abaya

zwempak

baddräkt

zwembroek

badbyxor

korte broek

shorts

trainingspak

träningsoverall

schort

förkläde

handschoenen

handskar

knoop

knapp

bril

glasögon

armband

armband

ketting

halsband

ring

ring

oorbel

örhänge

pet

mössa

kledinghanger

galge

hoed

hatt

stropdas

slips

rits

dragkedja

helm

hjälm

bretels

hängslen

schooluniform

skoluniform

uniform

uniform

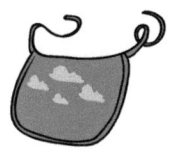

slabbetje

haklapp

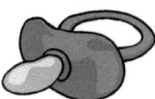

speen

napp

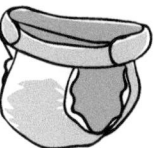

luier

blöja

kantoor

kontor

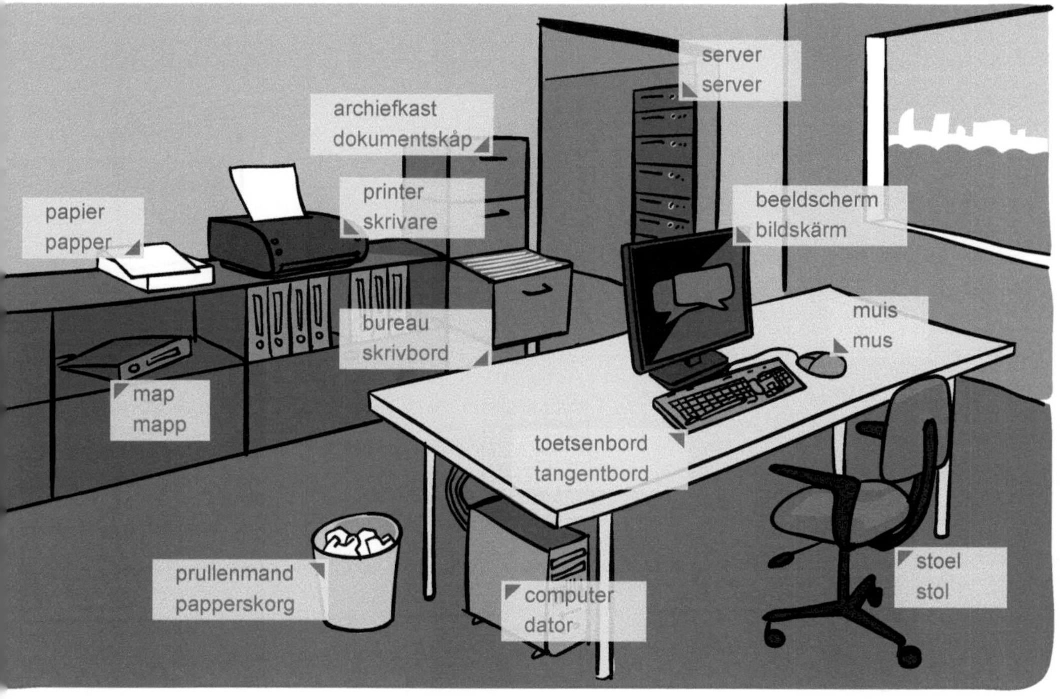
server
server
archiefkast
dokumentskåp
printer
skrivare
papier
papper
beeldscherm
bildskärm
muis
mus
bureau
skrivbord
map
mapp
toetsenbord
tangentbord
prullenmand
papperskorg
computer
dator
stoel
stol

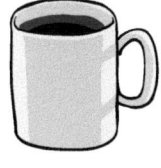

koffiemok

kaffemugg

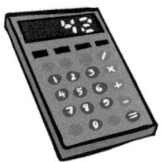

rekenmachine

miniräknare

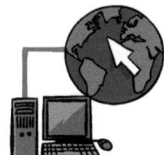

internet

internet

laptop

bärbar dator

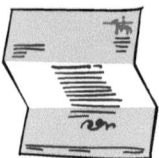

brief

brev

bericht

meddelande

mobiele telefoon

mobiltelefon

netwerk

nätverk

kopieermachine

kopieringsapparat

software

programvara

telefoon

telefon

stopcontact

vägguttag

fax

fax

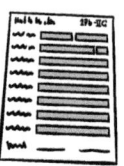

formulier

blankett

document

dokument

kopen

köpa

betalen

betala

handel drijven

handla

geld

pengar

dollar

dollar

euro

euro

yen

yen

roebel

rubel

Zwitserse frank

schweizisk franc

renminbi yuan

renminbi yan

roepie

rupie

geldautomaat

bankomat

wisselkantoor

växelkontor

goud

guld

zilver

silver

olie

olja

energie

energi

prijs

pris

contract

kontrakt

belasting

skatt

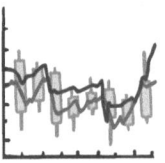

aandeel

aktie

werken

arbeta

werknemer

anställd

werkgever

arbetsgivare

fabriek

fabrik

winkel

affär

beroepen
yrken

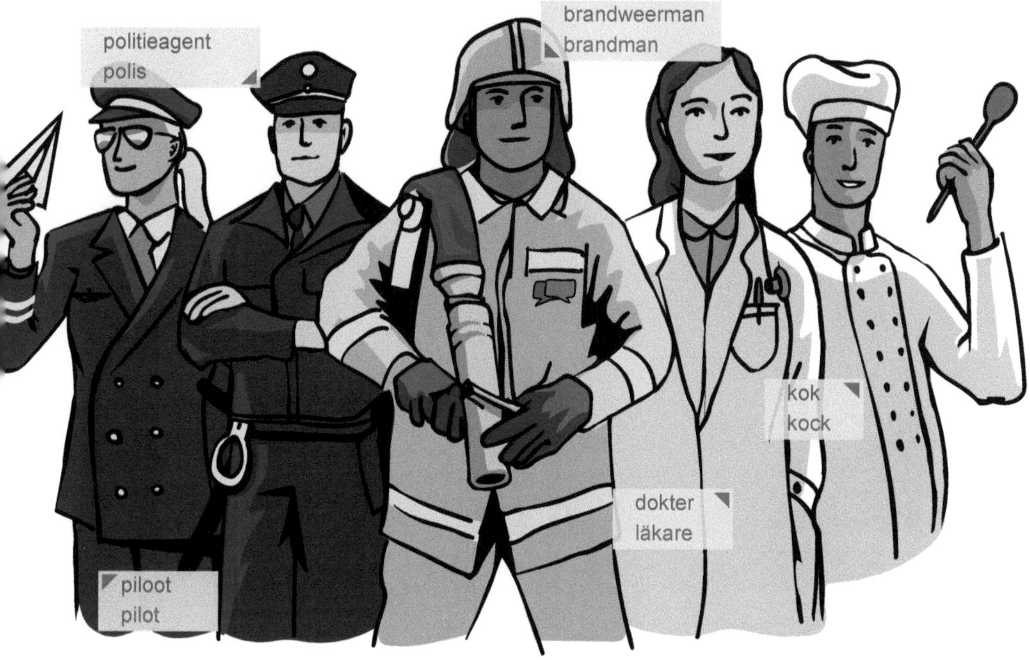
politieagent
polis
brandweerman
brandman
kok
kock
dokter
läkare
piloot
pilot

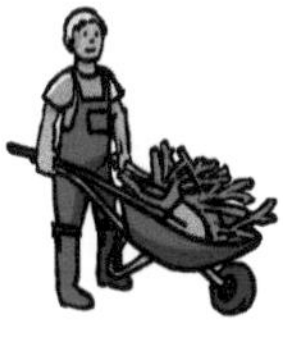

tuinman

trädgårdsmästare

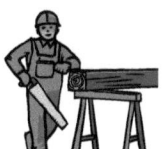

timmerman

snickare

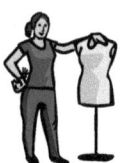

naaister

sömmerska

rechter

domare

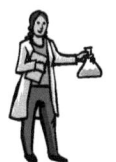

scheikundige

kemist

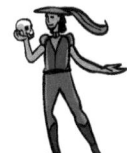

toneelspeler

skådespelare

buschauffeur

busschauför

taxichauffeur

taxichauför

visser

fiskare

schoonmaakster

städerska

dakdekker

takläggare

ober

servitör

jager

jägare

schilder

målare

bakker

bagare

elektricien

elektriker

bouwvakker

byggarbetare

ingenieur

ingenjör

slager

slaktare

loodgieter

rörmokare

postbode

brevbärare

soldaat

soldat

architect

arkitekt

kassier

kassör

bloemist

florist

kapper

frisör

conducteur

konduktör

monteur

mekaniker

kapitein

kapten

tandarts

tandläkare

wetenschapper

vetenskapsman

rabbi

rabbin

imam

imam

monnik

munk

pastoor

präst

gereedschap
verktyg

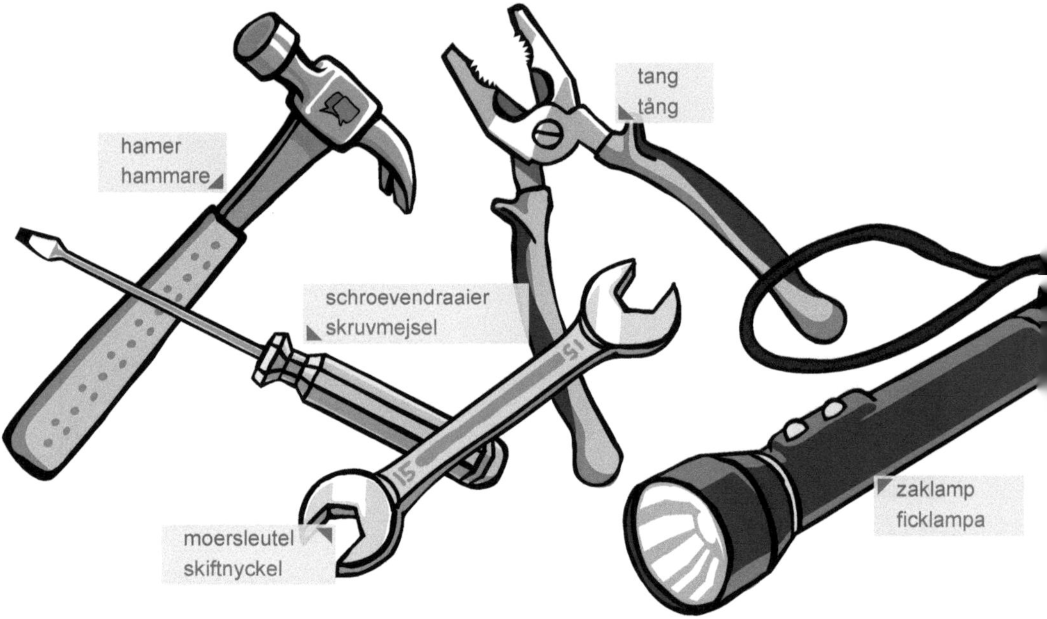

hamer
hammare
tang
tång
schroevendraaier
skruvmejsel
moersleutel
skiftnyckel
zaklamp
ficklampa

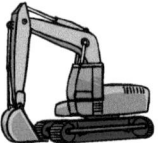

graafmachine

grävmaskin

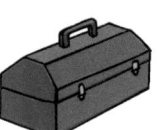

gereedschapskist

verktygslåda

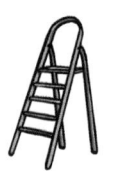

ladder

stege

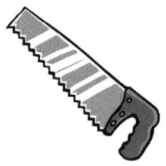

zaag

såg

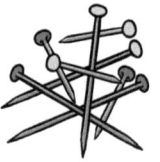

spijkers

spik

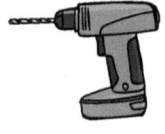

boor

borr

repareren

reparera

schep

spade

Verdorie!

Helvete!

stofblik

sopskyffel

verfpot

färgburk

schroeven

skruvar

muziekinstrumenten
musikinstrument

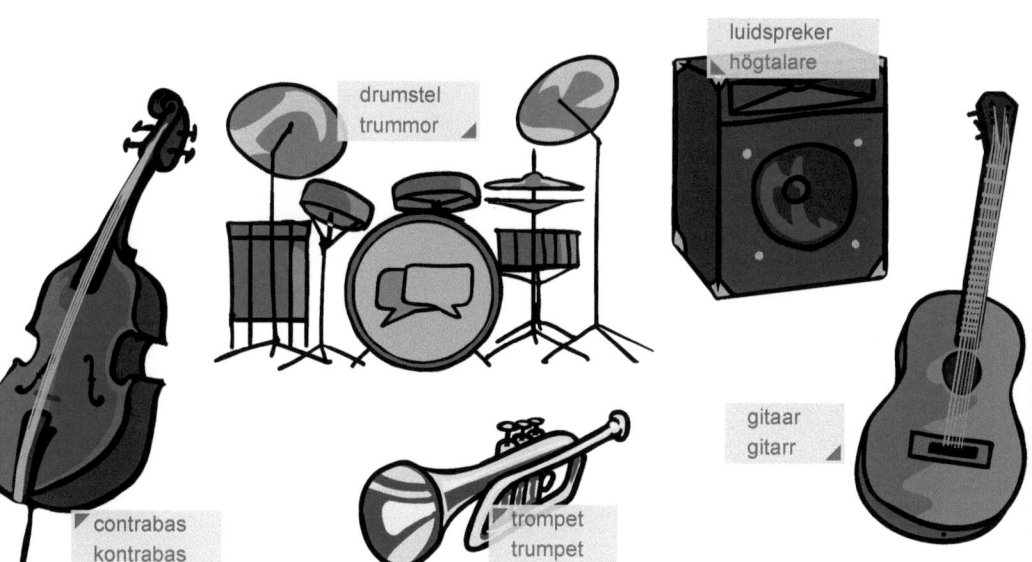

luidspreker
högtalare

drumstel
trummor

contrabas
kontrabas

trompet
trumpet

gitaar
gitarr

piano
piano

viool
violin

bas
bas

pauk
timpani

trommel
trumma

keyboard
keyboard

saxofoon
saxofon

fluit
flöjt

microfoon
mikrofon

muziekinstrumenten - musikinstrument

dierentuin

zoo

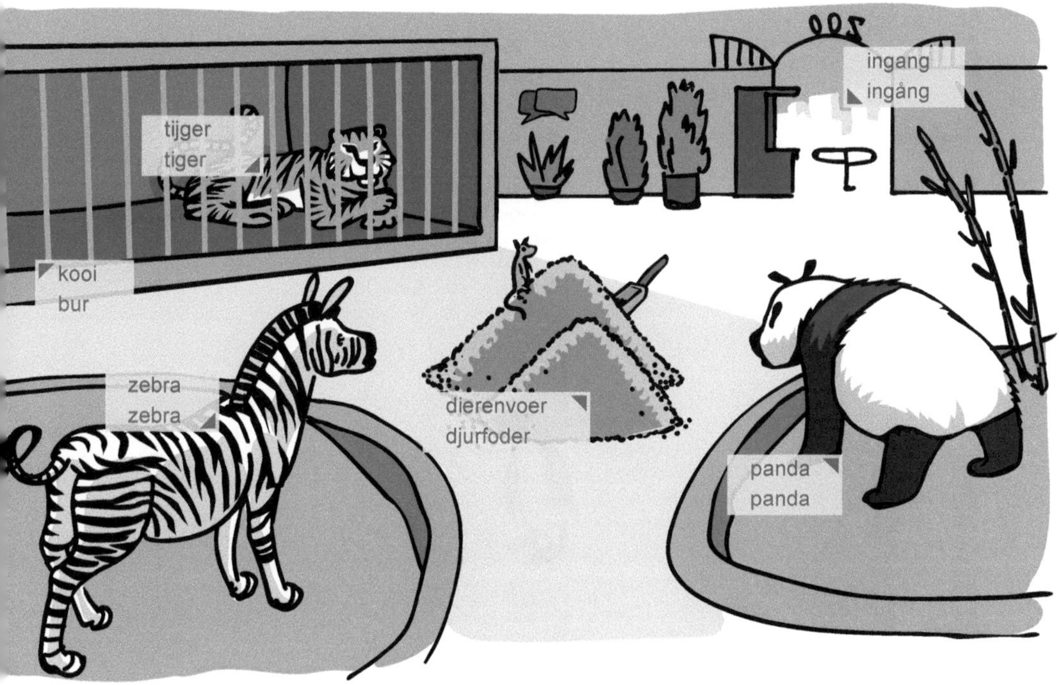

ingang
ingång
tijger
tiger
kooi
bur
zebra
zebra
dierenvoer
djurfoder
panda
panda

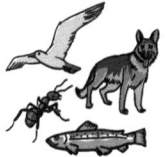

dieren
djur

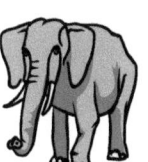

olifant
elefant

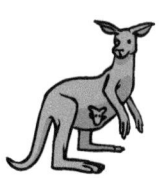

kangoeroe
känguru

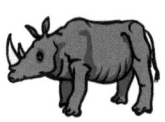

neushoorn
noshörning

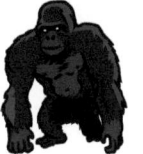

gorilla
gorilla

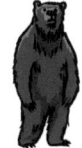

beer
björn

kameel

kamel

struisvogel

struts

leeuw

lejon

aap

apa

flamingo

flamingo

papegaai

papegoja

ijsbeer

isbjörn

pinguïn

pingvin

haai

haj

pauw

påfågel

slang

orm

krokodil

krokodil

dierenverzorger

djurskötare

zeehond

säl

jaguar

jaguar

dierentuin - zoo

pony
ponny

luipaard
leopard

nijlpaard
flodhäst

giraffe
giraff

adelaar
örn

wild zwijn
vildsvin

vis
fisk

schildpad
sköldpadda

walrus
valross

vos
räv

gazelle
gazell

American football
amerikansk fotboll

wielrennen
cykling

tennis
tennis

basketbal
basket

zwemmen
simning

ijshockey
ishockey

boksen
boxning

voetbal
fotboll

badminton
badminton

atletiek
friidrott

handbal
handboll

skiën
skidåkning

polo
polo

springen
hoppa

lachen
skratta

knuffelen
krama

zingen
sjunga

lopen
gå

dromen
drömma

bidden
be

kussen
kyssa

schrijven
skriva

tekenen
rita

tonen
visa

duwen
skjuta

geven
ge

oppakken
ta

hebben

hagel

doen

göra

zijn

vara

staan

stå

rennen

springa

trekken

dra

gooien

kasta

vallen

falla

liggen

ligga

wachten

vänta

dragen

bära

zitten

sitta

aankleden

klä på

slapen

sova

wakker worden

vakna

bekijken

se på

huilen

gråta

strelen

smeka

kammen

kamma

praten

prata

begrijpen

förstå

vragen

fråga

horen

höra

drinken

dricka

eten

äta

opruimen

städa

houden van

älska

koken

laga mat

rijden

köra

vliegen

flyga

zeilen

segla

rekenen

räkna

lezen

läsa

leren

lära sig

werken

arbeta

trouwen

gifta sig

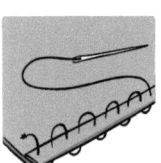

naaien

sy

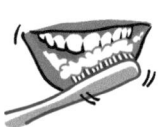

tandenpoetsen

borsta tänderna

doden

döda

roken

röka

verzenden

skicka

rootmoeder
ormor/farmor

grootvader
morfar/farfar

vader
pappa

moeder
mamma

baby
baby

dochter
dotter

zoon
son

gast
gäst

tante
moster/faster

oom
farbror/morbror

broer
bror

zus
syster

lichaam
kropp

voorhoofd
panna
oog
öga
schouder
skuldra
vinger
finger
gezicht
ansikte
kin
haka
hand
hand
been
ben
borst
bröst
arm
arm

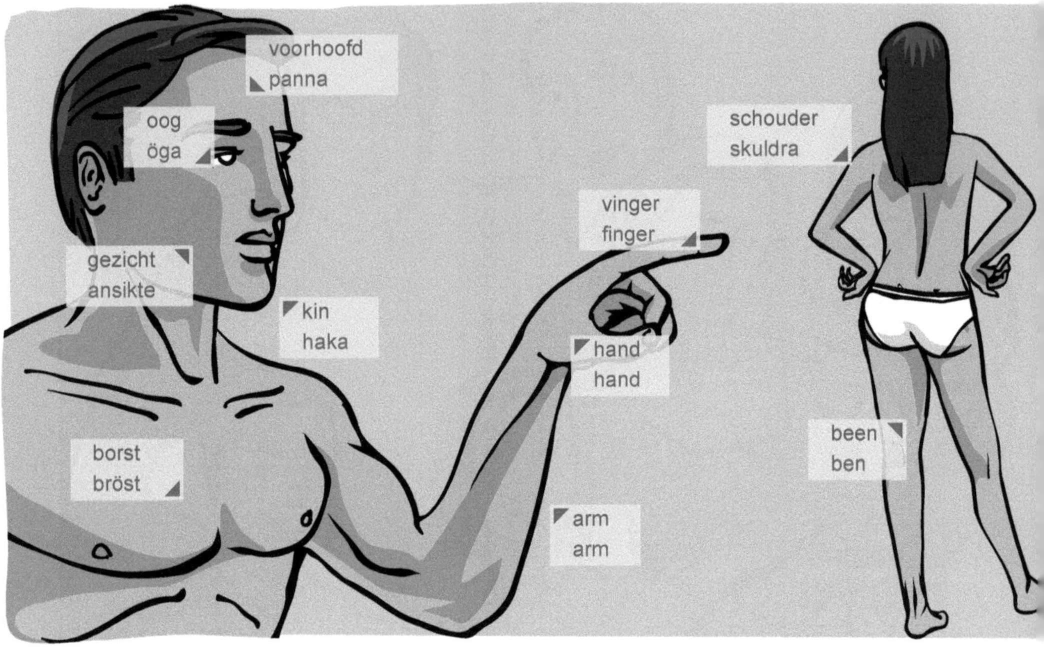

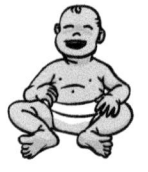

baby
baby

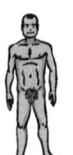

man
man

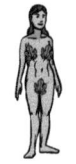

vrouw
kvinna

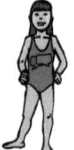

meisje
flicka

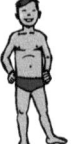

jongen
pojke

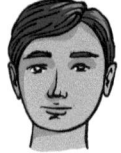

hoofd
huvud

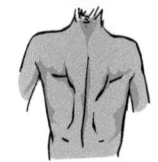

rug
rygg

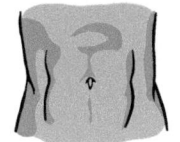

buik
mage

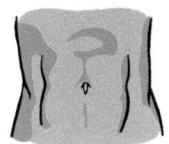

navel
navel

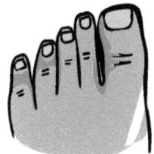

teen
tå

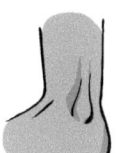

hiel
häl

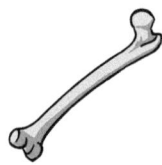

bot
ben

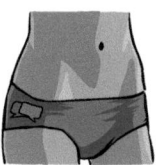

heup
höft

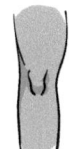

knie
knä

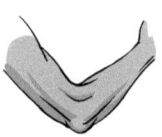

elleboog
armbåge

neus
näsa

achterwerk
stjärt

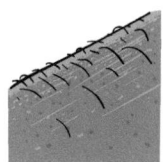

huid
hud

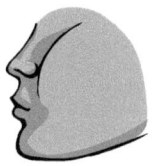

wang
kind

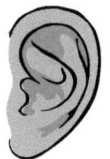

oor
öra

lippen
läpp

lichaam - kropp

mond
....
mun

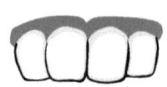

tand
....
tand

tong
....
tunga

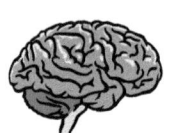

hersenen
....
hjärna

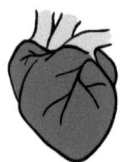

hart
....
hjärta

spier
....
muskel

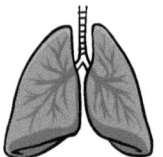

long
....
lunga

lever
....
lever

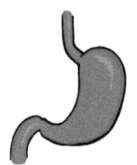

maag
....
magsäck

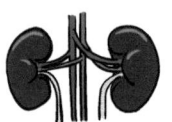

nieren
....
njurar

geslachtsgemeenschap
....
sex

condoom
....
kondom

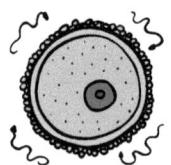

eicel
....
äggcell

sperma
....
sperma

zwangerschap
....
graviditet

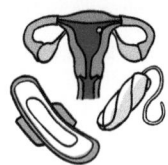

menstruatie
menstruation

vagina
vagina

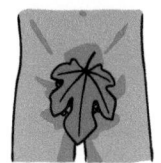

penis
penis

wenkbrauw
ögonbryn

haar
hår

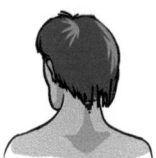

hals
nacke

ziekenhuis
sjukhus

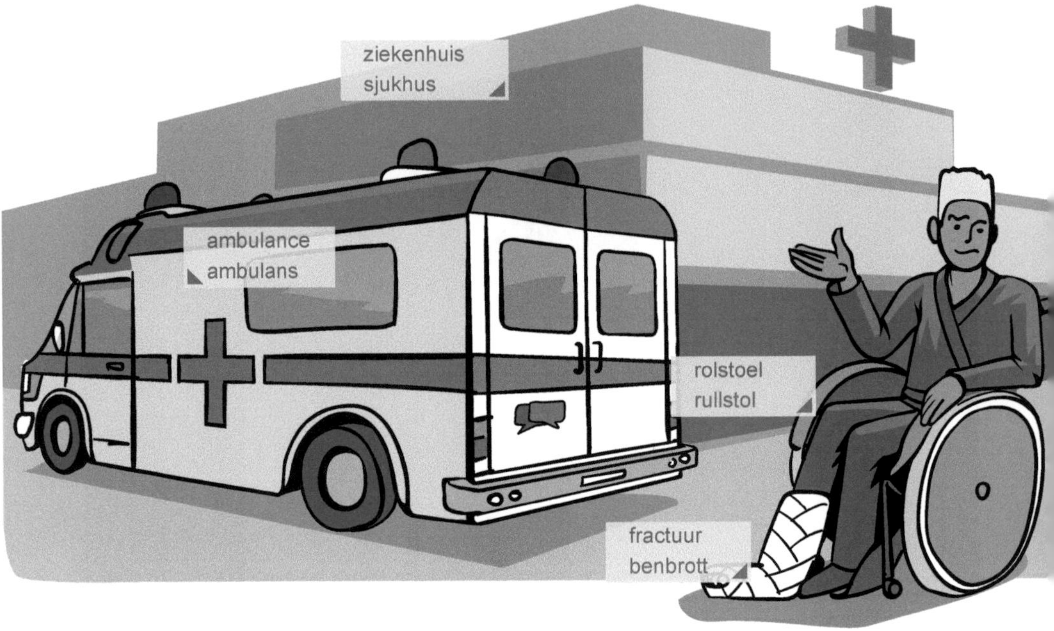

ziekenhuis
sjukhus
ambulance
ambulans
rolstoel
rullstol
fractuur
benbrott

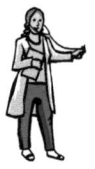

dokter

läkare

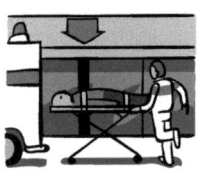

EHBO

akutmottagning

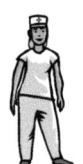

verpleegster

sjuksköterska

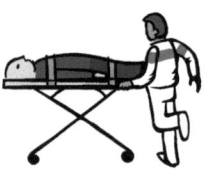

noodgeval

nödsituation

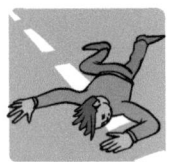

bewusteloos

medvetslös

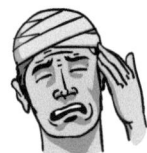

pijn

smärta

verwonding

skada

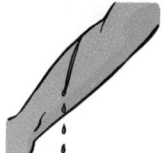

bloeding

blödning

hartaanval

hjärtattack

beroerte

slaganfall

allergie

allergi

hoest

hosta

koorts

feber

griep

influensa

diarree

diarré

hoofdpijn

huvudvärk

kanker

cancer

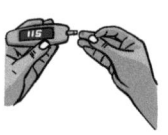

diabetes

diabetes

chirurg

kirurg

scalpel

skalpell

operatie

operation

CT
CT

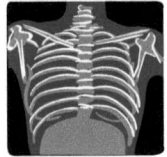

röntgen
röntgen

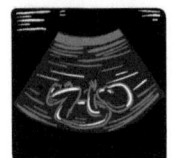

echografie
ultraljud

gezichtsmasker
ansiktsmask

ziekte
sjukdom

wachtkamer
väntsal

kruk
krycka

pleister
plåster

verband
bandage

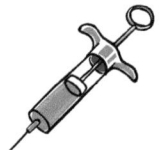

injectie
injektion

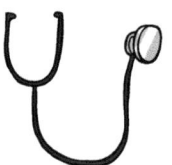

stethoscoop
stetoskop

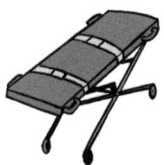

brancard
bår

thermometer
termometer

geboorte
födsel

overgewicht
övervikt

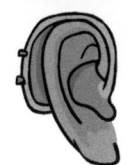

gehoorapparaat

hörapparat

ontsmettingsmiddel

desinfektionsmedel

infectie

infektion

virus

virus

HIV / AIDS

HIV / AIDS

medicijn

medicin

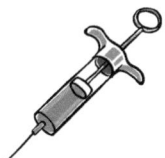

inenting

vaccination

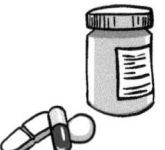

tabletten

tabletter

pil

p-piller

alarmnummer

nödsamtal

bloeddrukmeter

blodtrycksmätare

ziek / gezond

sjuk / frisk

Help!

Hjälp!

alarm

alarm

overval

överfall

aanval

misshandel

gevaar

fara

nooduitgang

nödutgång

Brand!

Det brinner!

brandblusser

brandsläckare

ongeluk

olycka

EHBO-koffer

förbandslåda

SOS

SOS

politie

polis

Europa

Europa

Noord-Amerika

Nordamerika

Zuid-Amerika

Sydamerika

Afrika

Afrika

Azië

Asien

Australië

Australien

Atlantische Oceaan

Atlanten

Stille Oceaan

Stilla Havet

Indische Oceaan

Indiska Oceanen

Zuidelijke Oceaan

Antarktiska Oceanen

Noordelijke IJszee

Arktiska Oceanen

Noordpool

Nordpol

Zuidpool
Sydpol

Antarctica
Antarktis

aarde
Jorden

land
land

zee
hav

eiland
ö

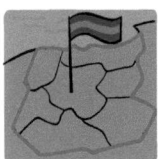

natie
nation

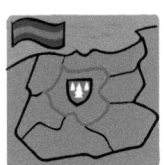

staat
stat

wijzerplaat

urtavla

uurwijzer

timvisare

minutenwijzer

minutvisare

secondewijzer

sekundvisare

Hoe laat is het?

Vad är klockan?

dag

dag

tijd

tid

nu

nu

digitaal horloge

digital klocka

minuut

minut

uur

timme

week
vecka

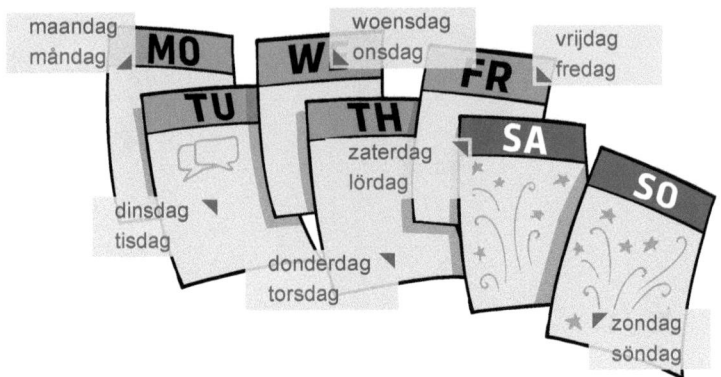

maandag / måndag — MO
dinsdag / tisdag — TU
woensdag / onsdag — W
donderdag / torsdag — TH
vrijdag / fredag — FR
zaterdag / lördag — SA
zondag / söndag — SO

gisteren
....
igår

vandaag
....
idag

morgen
....
imorgon

ochtend
....
morgon

middag
....
middag

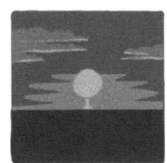

avond
....
kväll

MO	TU	WE	TH	FR	SA	SU
1	2	3	4	5	6	7
8	9	10	11	12	13	14
15	16	17	18	19	20	21
22	23	24	25	26	27	28
29	30	31	1	2	3	4

werkdagen
....
vardagar

MO	TU	WE	TH	FR	SA	SU
1	2	3	4	5	6	7
8	9	10	11	12	13	14
15	16	17	18	19	20	21
22	23	24	25	26	27	28
29	30	31	1	2	3	4

weekend
....
helg

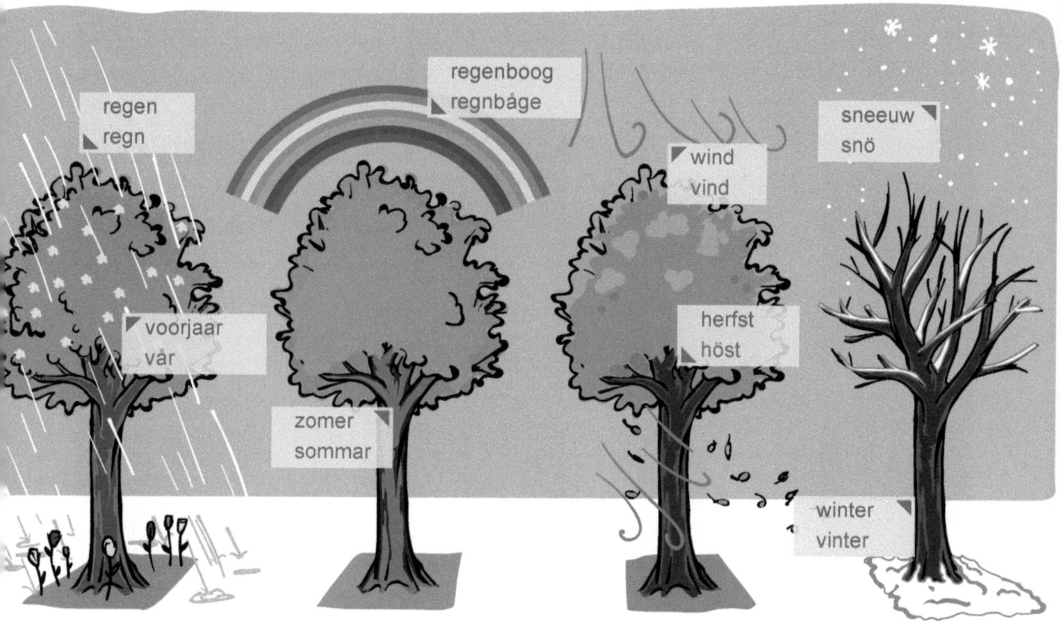

regen
regn

regenboog
regnbåge

wind
vind

sneeuw
snö

voorjaar
vår

herfst
höst

zomer
sommar

winter
vinter

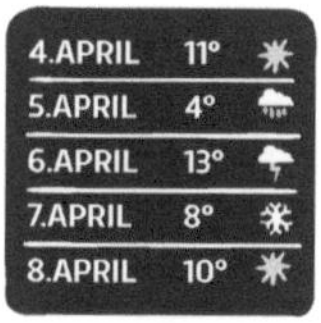

4.APRIL	11°	☀
5.APRIL	4°	🌧
6.APRIL	13°	☁
7.APRIL	8°	❄
8.APRIL	10°	☀

weerbericht
väderprognos

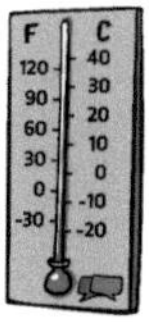

thermometer
termometer

zonneschijn
solsken

wolk
moln

mist
dimma

luchtvochtigheid
luftfuktighet

bliksem

blixt

donder

åska

storm

storm

hagel

hagel

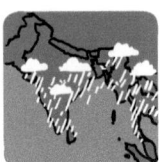

moesson

monsun

overstroming

översvämning

ijs

is

januari

januari

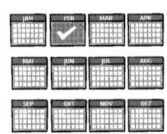

februari

februari

maart

mars

april

april

mei

maj

juni

juni

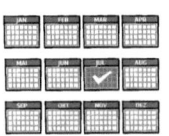

juli

juli

augustus

augusti

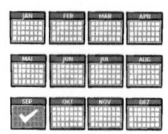

september
....
september

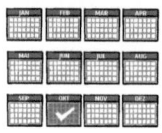

oktober
....
oktober

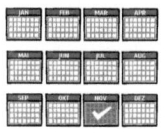

november
....
november

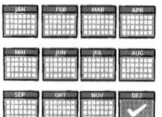

december
....
december

vormen
former

cirkel
....
cirkel

vierkant
....
kvadrat

rechthoek
....
rektangel

driehoek
....
triangel

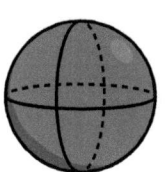

bol
....
sfär

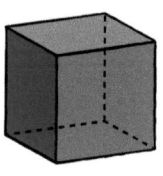

kubus
....
kub

kleuren
färger

wit
....
vit

geel
....
gul

oranje
....
orange

roze
....
rosa

rood
....
röd

paars
....
lila

blauw
....
blå

groen
....
grön

bruin
....
brun

grijs
....
grå

zwart
....
svart

veel / weinig

mycket / lite

boos / rustig

arg / lugn

mooi / lelijk

vacker / ful

begin / einde

början / slut

groot / klein

stor / liten

licht / donker

ljus / mörk

broer / zus

bror / syster

schoon / vies

ren / smutsig

volledig / onvolledig

komplett / ofullständig

dag/ nacht

dag / natt

dood / levend

död / levande

breed / smal

bred / smal

eetbaar / oneetbaar

ätlig / oätlig

gemeen / aardig

ond / god

opgewonden / verveeld

upphetsad / uttråkad

dik / dun

tjock / smal

eerste / laatste

först / sist

vriend / vijand

vän / fiende

vol / leeg

full / tom

hard / zacht

hård / mjuk

zwaar / licht

tung / lätt

honger / dorst

hunger / törst

ziek / gezond

sjuk / frisk

illegaal / legaal

olaglig / laglig

intelligent / dom

intelligent / dum

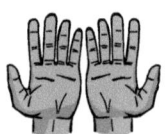

links / rechts

vänster / höger

dichtbij / ver

nära / långt bort

nieuw / gebruikt

ny / begagnad

niets / iets

inget / något

oud / jong

gammal / ung

aan / uit

på / av

open / gesloten

öppen / stängd

zacht / luid

tyst / högljudd

rijk / arm

rik / fattig

goed / fout

rätt / fel

ruw / glad

grov / slät

verdrietig / gelukkig

ledsen / glad

kort / lang

kort / lång

langzaam / snel

långsam / snabb

nat / droog

våt / torr

warm / koel

varm / sval

oorlog / vrede

krig / fred

0

nul

noll

1

één

ett

2

twee

två

3

drie

tre

4

vier

fyra

5

vijf

fem

6

zes

sex

7

zeven

sju

8

acht

åtta

9

negen

nio

10

tien

tio

11

elf

elva

12

twaalf

tolv

13

dertien

tretton

14

veertien

fjorton

15

vijftien

femton

16

zestien

sexton

17

zeventien

sjutton

18

achttien

arton

19

negentien

nitton

20

twintig

tjugo

100

honderd

hundra

1.000

duizend

tusen

1.000.000

miljoen

miljon

getallen - siffror

Engels

engelska

Amerikaans Engels

amerikansk engelska

Chinees Mandarijn

kinesisk mandarin

Hindi

hindi

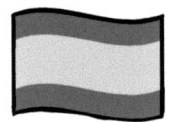

Spaans

spanska

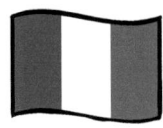

Frans

franska

Arabisch

arabiska

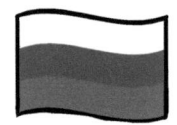

Russisch

ryska

Portugees

portugisiska

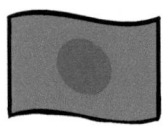

Bengalees

bengali

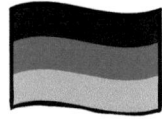

Duits

tyska

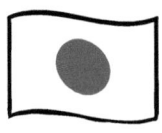

Japans

japanska

ik

jag

jij

du

hij / zij / het

han / hon / den (det)

wij

vi

jullie

ni

zij

de

wie?

vem?

wat?

vad?

hoe?

hur?

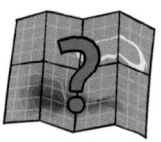

waar?

var?

wanneer?

när?

naam

namn

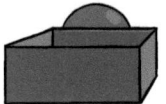

achter

bakom

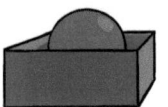

in

i

voor

framför

boven

över

op

på

onder

under

naast

bredvid

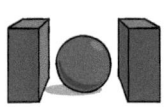

tussen

mellan

plaats

plats